JN436814

당신의
개똥 철학을
가져라

당신의 개똥철학을 가져라

초판 1쇄 인쇄 2009년 01월 16일
초판 1쇄 발행 2009년 01월 22일

지 은 이 권지현
펴 낸 이 손형국
펴 낸 곳 (주)에세이퍼블리싱
출판등록 2004. 12. 1(제315-2008-022호)

주 소 157-857 서울특별시 강서구 방화3동 822-1 화이트하우스 2층

홈페이지 www.essay.co.kr
전화번호 (02)3159-9638~40
팩 스 (02)3159-9637

ISBN 978-89-6023-211-2 03810

당신의 개똥 철학을 가져라

권지현 지음

PROLOGUE

지난 6년간에 걸쳐 인간, 관계, 인생, 세계, 직업 등에 대한 주제로 블로그에 연재해온 글들을 이렇게 책으로 출간하게 되어 무척 기쁘게 생각합니다. 보다 많은 분들과 생각을 나눌 수 있으리라는 기대감에 벌써부터 가슴이 설레어 옵니다.

다소 특이한(?) 주제의 블로거로서 삶에 대한 진지한 관찰을 시작하게 된 후, 모든 일상 속에는 값진 가르침이 숨겨져 있다는 것을 깨닫게 되었습니다. 이를 놓치지 않기 위해 자신에게 다가온 진실에 집중하고자 노력했고, 쉽고 짧은 글로 그 의미를 담아내고자 고심했습니다. 제가 이 책에서 드리는 모든 내용은 이와 같이 저의 일상으로부터 힘들게 얻어낸 것들입니다. 하지만 이것은 아직까지는 완성된 진실이라고 부를 수 없을 듯합니다. 배워야 할 인생이 한참이나 남아있을 뿐만 아니라, 저는 제한된 환경에서 응결되어온, 이슬과 같은 존재에 불과할 테니까요.

다만 바라는 것은 저의 책이 '음미할만한 시각과 독특한 경험의 나눔'이라는 나름의 가치로서 독자의 삶에 기여하는 것입니다.

그리고 더 나아가 독자와 함께 남은 진실의 조각들을 찾아가는 작업을 시작하는 것입니다. 저의 블로그(www.jihyun.biz)를 통해 값진 의견과 경험들을 나누어 주시길 부탁드립니다. 감사말씀을 드리고 서문을 마무리하고자 합니다.

책으로 태어날 수 있도록 물심양면으로 힘써주신 (주)에세이퍼블리싱 손형국 대표님과 저의 글이 빛을 발할 수 있도록 생명력을 입혀주신 편집부원들에게 깊은 고마움을 전합니다.

2009년 1월

권지현

CONTENTS

제 2 장 관계에 대하여

제 3 장 인생에 대하여

제 4 장 세 계 에 대 하 여

제 5 장 직 업 에 대 하 여

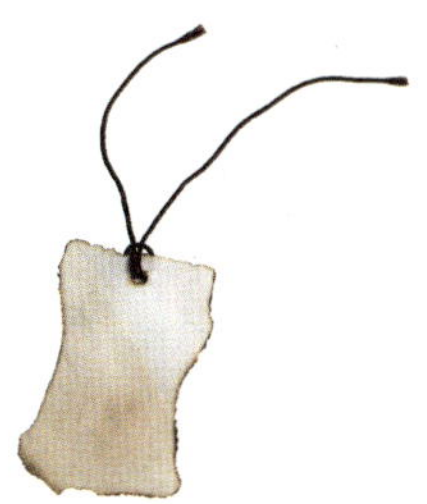

제1장 인간에 대하여

남을 위해 사는 사람

자신을 위해 사는 사람보다 남을 위해 사는 사람이 많아진 요즘입니다. 자신은 온 데 간 데 없이 상실해 버리고 붕어빵을 닮은 공허한 사람들만 늘어나는 듯합니다. 모습도 비슷하고 생각도 별로 새로울 것이 없는 무리 속의 사람들… 경제인으로서의 복제, 사회인으로서의 복제, 종교인으로서의 복제… 나를 위해 살려면 정신이 혼란해져 버립니다. 모든 '나'들이 굴레로 꽁꽁 묶여져 있어, 정말 나를 위해 산다는 것은 참으로 어려운 일입니다. 잃어버렸던 진짜 자신을 끄집어내고, 지금의 주조된 자신을 부수어 나간다면 뭔가 삶의 정답을 찾을 것만 같습니다.

벽속에 사는 사람들

소라게는 조금 별난 동물입니다. 버려진 달팽이나 소라 등의 껍데기를 덮어쓰고 돌아다닙니다. 도시생활은 소라게처럼 각자의 껍데기 속에 자신을 담그고, 살아가는 생활입니다. 자기보호적인 친절과 겸손을 덮어쓰고는 있지만 정작 위험한 사마리아인의 삶을 살려고 하지 않는 사람들이 모여 삽니다. 자신 속에 얼마나 추악한 것들이 감춰져 있는지 알 수 없어서 어떻게 터져버릴지 몰라 불안한 나와 당신들… "내가 나를 못 믿는데, 당신을 어떻게 믿어?" 나의 뿔에 내가 찔리지 않기 위해, 당신의 뿔에 내가 받혀 다치지 않게, 함께 웃어도 맘이 웃지 않고, 함께 술을 마셔도 불안한 사람들… 사람을 싫어하는 사람들이 몰려 사는 외롭고 무미건조한 도시생활입니다.

얼치기 강사

인터넷 벤처 열풍이 불었던 몇 년 전, 갈 곳을 찾지 못한 많은 사람들은 IT전문직이라는 새로운 직종으로 모여 들었습니다. 전공자이건, 비전공자이건, 독학자이건, 학원출신이건… 모두에게 기회가 활짝 열려져 있는 것 같았고, 술렁이던 시기였습니다. 저 역시도, 수많은 웹 지망생들 중에 한 사람이었습니다. 취미로 홈페이지를 만들던 실력을 살려 웹디자이너가 되고자 진로를 잡고, 웹디자인 학원을 다니게 되었습니다. 운 좋게도 열성적이고, 실력이 뛰어난 선생들을 만나게 되어 짧은 기간이었지만 많은 것들을 배울 수 있었습니다. 그 후, 수료가 다가오면서 저를 가르쳐 주시던 선생이 학원 쪽과의 불화로 떠나게 되면서, 저는 생각에도 없던 강사 일을 떠맡게 되었습니다. 고작, 3개월간의 강의만을 수료한 채 웹디자인강사로 일한다는 것 자체가 지나가는 개가 웃을 일이 분명해 보였지만 학원경영의 어려움과 개인적 경력의 필요성 때문에 가능했던 일이었습니다. 미술을 전공하지도 않았고 삭막한 미적 감성을 가졌던 저는, 디자인에 대한 핵심은 빠진 채 도구의 사용법만을 가르치는 껍데기 강사일 수밖에 없었습니다. 선박회사를 다닌다던 30대의 아저씨, 인터넷업체의 신입사원, 40대 후반의 대학원생, 친한 친구사이라던 4명의 여대생들… 강사와 학생이라는 관계로 만났던 그 사람들이 생각납니다. 저를 진땀 빼게 하던 몇몇 열성학생도 있었지만 초보자이면서도 스스로 배우고자 하는 열정이 별로 없었던 사람이 대부분이었습니다. 그 사람들은 지금 어디서 무엇을 하고 있는지 그리고 그 곳에서 저는 그들에게 무엇을 주었는지 강사생활을 하며 모았던 월급으로 새 PC도 사고, 이런 저런 용도로 잘 썼지만 돌이켜보면 변변찮은 얼치기 강사로서 그들을 속이고 빚만 얻어온 듯한 느낌을 지울 수가 없습니다.

6학년의 기억(trauma)

초등학교 5학년이던 해, 집에서 조그만 슈퍼를 시작하게 되어 그동안 다니던 A초등학교에서 Y초등학교로 전학을 가게 되었습니다. 전학을 가게 된 학교는 시설이 잘 갖춰진, 소위 '특 A학교'라고 불리던 곳이었는데 다니던 학교와 비교해볼 때 확실히 그런 평판을 들을 만했습니다. 요즘에는 일반화되어 전혀 신기할 것이 없지만 스피커 방송이 대부분이던 그 시절. 그 학교는 벌써 TV 방송시스템을 갖추고 전 교실에 하나씩 설치된 TV를 통해 학생자치방송과 영어교육을 실시할 만큼 재정이 넉넉한 편이었습니다. 도심교차로와 지하철이 가까워 교통이 편리했고, 인근에는 엘리베이터 설비가 되어있는 고층아파트들이 많이 있었습니다. 그리고 한 집에 차 한대 굴리는 것도 쉽지 않던 시절에 이미 자신의 자동차를 타고 다니던 어머님들까지 있었습니다. 배정받은 학급에서 반년간의 5학년 생활을 마치고 초등학교 6학년에 올라가게 되었습니다. 학기 초에 반장, 부반장을 뽑는 선거가 있었는데 그 학교는 6개월 임기의 학급 임원제를 두었고 한 학기에 6명을 뽑았습니다. 이전에 다니던 A초등학교에선 성적이 그다지 나쁘지만 않다면 누구나 반장선거를 통해 리더십을 배울 수 있는 기회가 주어졌었고 하는 일도 거의 부담스럽지 않은 일이 대부분이었기에 선뜻 나서게 되었습니다. 임원선거 결과가 나오자 몇몇 친구가 저를 밀어준 덕분인지 무난히 6명의 학급임원 중에 제가 뽑히게 되었습니다. 하지만 웬일인지 담임은 당혹해하는 눈치였습니다. 담임은 애써 당혹감을 감추며, 전교회장 선거에 출마할 사람이 없느냐고 당선된 임원들에게 물었습니다. '아, 간이 부었다고 해야 할지… 넉넉하지 않은 집안사정이 휙 머릿속을 스쳐지나갔지만, 저는 "제가 한번 해보겠습니다."라는 말을 내뱉고 말았습니다. 제 말에 학급 전체가 시끄러워졌고, 담임선생은 아주 난감한 표정을 지었습니다. "정말이냐? 네가 전교회장을 할거냐?" 저는 당연하다는 듯이 "예!" 라고 대답했습니다. 담임은 저를 복도로 데리고 나갔습니다.

"지현아. 잘 생각해봐라. 전교회장은 학급임원과는 다르다. 잘 생각해봐라."

선생은 연거푸 설득 아닌 설득을 하였고 어린 학생일 수밖에 없었던 저는 그만 담임의 뜻에 굴복하고 말았습니다. 나중에 알게 된 사

실이지만 그 학교는 어머님들의 치맛바람이 대단했었는데 학급 임원과 학생회 간부 자리, 기타 리더십을 발휘할 수 있는 모든 기회는 학교에 재력을 행사하던 힘 있는 집안의 자제들에게 우선적으로 배정되던 분위기였습니다. 그리고 당시에 담임은 Y군을 학급임원이자 전교회장으로 밀어줄 계획을 가지고 있었던 듯했습니다. 그런데 Y군이 학급임원선거에서조차 떨어지고 전교회장에도 못 나가게 된 상황에 예상에도 없던 제가 돌출했으니 학부모와 이미 주거니 받거니 한 담임 입장에서는 참으로 난처했었을 것으로 생각됩니다. 그 후에 담임은 자신의 재량권을 이용해 Y에게 체육부장 자리를 주었고 운동회 때면, 고싸움놀이의 장수역할을 주기도 하였으며 서예동아리의 수제자로 삼기도 하였습니다. 한편, 제가 학급임원에 뽑힌 소식을 들으신 부모님께서는 기뻐 하시면서도 걱정을 하셨습니다. 왜냐하면 학급임원의 어머니는 학부모회의에도 정기적으로 참석해야 하고 또 암암리에 갖가지 명목의 적지 않은 돈과 선물들을 뿌려야 했기 때문이었습니다. 그러나 당시 조그만 슈퍼를 운영하던 집안사정으로는 턱없는 일이었기에 어머님께서는 조그만 선물을 챙기시고는 담임을 찾아가셔서 당신이 파출부를 하시며 어렵게 산다는, 지어낸 이야기로 미리 선수를 치셔야 했습니다. 그 후 저는 6개월 임기의 학급임원을 시작하게 되었는데 1년간 정말 순탄하지 않았습니다. 그 이유는 저의 동생이 학급임원선거에서 떨어졌던 동료 Y군에게 괴롭힘을 당했고 저는 Y군을 P군으로 착각한 동생의 이야기에 격분한 나머지 P군과 다툼을 벌이게 되었습니다. 이러한 애매한 오해에서 빚어진 일이 빌미가 되어, 저를 벼르던 학급동료들에게 이른바 '왕따'의 고통을 겪게 되었습니다. 저와 집안형편이 비슷했던 K, B, J 등의 친구들이 함께 해주긴 했지만 그들의 집요한 폭력과 괴롭힘은 1년간이나 지속되었습니다. 한편으론 저를 그렇게 괴롭히던 그 친구들은 나이에 비해 참으로 영리하고, 대담하기도 했습니다. 수업 중에 앞으로 어떤 여자와 결혼할 것이냐는 질문에 P군은 대뜸 "돈 많고 오래 못사는 여자하고 결혼할 거예요."라고 대답하여 선생이 할 말을 잃게 만들기도 하였고 K라는 친구는 자신과 학급의 일을 이용해 학부모와 결탁(?)한 담임의 비리를 수업 중에 제기해 집단항명(?)을 일으키는 역할을 하기도 했습니다. 학생들 앞에서 쩔쩔매며 자신의 금딱지 '갤럭시' 시계를 변명하던 비굴한 담임의 모습이 떠오릅니다.

비겁한 도피

386세대… 60년대 출생으로 80년대에 대학을 다닌 30대 나이의 사람들을 386 세대' 라고 지칭한다고 합니다. 그들은 공동체가 제공해준 교육이라는 부채에 대한 사회적 책임의식을 잊지 않고 실천에 옮긴 정의로운 세대였습니다. 한편으로는 불행한 시대에 맞서 공동의 가치를 위해 자신을 유보하고 치열한 삶을 살아내야 했던 불운한 세대이기도 했습니다. 그러나 이제 그들은 좌익과 용공이라는 불명예스런 딱지를 떼어내고 시대를 이끈 정신이자 살아있는 양심으로서 재평가되고 있습니다. 386세대의 정신을 계승한 막차세대라고 할 수 있는 297세대, 그런 297세대에 속했던 저 역시도 '데모학교 '라고 불리던 모교에 입학한 후 사회적 현실에 어느 정도 눈을 뜰 수 있는 기회를 가질 수 있었습니다. 타의에 의해 들어가긴 했지만, 반년에 가까운 시간동안 소위, 운동권 동아리라는 곳에 머물면서 교과서에서 알려주지 않던 새로운 사실들을 배우게 되었고 공감하게 되었습니다. 또한 동아리에서 작은 직책도 맡게 되었고 민족과 역사에 대한 토론도 하며 때때로 시위현장에 참석하기도 하였고, 높은 직책을 맡고 있던 사람들을 소개받기도 하였습니다. 하지만, 저는 적극적인 실천으로 옮기기를 주저하는 모습에 머물고 있었습니다. 당시 문민정부의 출범으로 학생운동이 약화되기 시작했고 내외적인 비판에 직면해 있었지만 그런 이유보다는 개인적인 이기심과 시위현장에 대한 두려움이 더 컸기 때문이었습니다. 시위현장에서 대치중에 안경이 깨지는 경험을 한 후, 운동권동아리 대신 기독동아리로 옮기게 되었고 그곳에서 조용히 기도하는 것으로 피 터지는 생활을 대신하고 말았습니다. 그때의 학생운동의 명분과 방법론에 대한 모든 것이 옳았다고 할 수는 없겠지만 정의에의 신념과 실천을 배울 수 있었던 좋은 기회였음은 분명했습니다. 그리고 그런 경험에의 기회를 비겁한 도피로 대신했던 과거가 부끄럽기만 합니다.

울어버린 이등병

군대이야기를 할까 합니다. 훈련소를 수료하고, 자대로 배치되면, 신고식이란 것을 합니다. 아마도 낯선 환경과 사람에 쉽게 적응하도록 도움을 주는 비공식적인 관행일테지만, 신고식에서 해야 할 내용은 신병인 당사자로선 참으로 모멸감을 느끼기에 충분한 것들로 채워집니다. 신고식의 내용은 '첫 경험에 대한 이야기', '아는 여자들 연락처 팔기', '웃긴 이야기하기', '노래 부르기', ' 춤추기' 등으로 이어집니다. 신병에 대한 앞으로의 대접은 신고식에서 얼마나 고참들을 재밌게 해주느냐에 달려 있다고 할 수 있습니다. 그리고 내무반 분위기에 따라 천국과 지옥을 경험하게 되는 군생활의 특성상 신병의 신고식은 신병 본인뿐만 아니라 신병을 지도하는 일병들에게까지 지워진 공동책임이기도 합니다. 따라서 없는 말까지 만들어서라도 신고식을 풍성하게 해야 하는 신병의 고충은 아마 군대를 갔다 오신 분이시라면 잘 아시리라 생각합니다. 어느 날, 교회를 다닌다던, 범생이처럼 생긴 신병하나가 전입을 오게 되었습니다. 그 역시 전입 온 다음날, 내무반에서 신고식을 치르게 되었습니다. 그는 저의 신고식 시절이 부끄러울 정도로 부대원의 박수갈채를 받으며 잘 해내었습니다. 고참들 모두가 새로운 신병에 대해 매우 만족해하며 기대를 하는 눈치였습니다. 신고식과 점호가 모두 끝나고 모두 곤히 잠든 시간, 들릴 듯 말듯 흐느끼는 소리에 저는 그만 잠을 깨고 말았습니다. 옆자리에 모포를 덮어쓰고 누운 그가 울고 있는 것이었습니다. 저는 고참들이 눈치 채지 않도록 조심스레 물었습니다.

"어디 아프냐?"

"아닙니다."

"괜찮아 말해봐. 도와줄 수 있으면 도와줄게."

그가 어렵사리 대답을 하였습니다.

"좀 전에 신고식에서 거짓말을 했던 것이 너무 슬펐습니다."

이렇게 말을 하고는 흐느낌을 더하는 것이었습니다. 자신의 작은 거짓에 슬퍼할 수 있는 그의 순수한 마음에 저는 감동을 느꼈습니다. 무슨 이야기를 해주었는지는 기억이 잘 나진 않지만 뭔가 위로의 말을 해주었던 것 같습니다. 그 후 다행스럽게도 그는 부대의 일원으로서 열심히 생활하는 모습을 보여주었습니다. 축구경기에서 엄지발톱이 깨져 피가 흐르는 중에도 축구를 계속한 탓에 오히려 고참들이 그를 만류하기도 했었고, 자신에게 주어진 일은 싫은 내색 없이 열성을 다하는 모습을 보여주었습니다. 그의 열심 때문에 새로 전입 오는 신병들은 그에 비견되며 고참들의 갈굼을 당하기 일쑤였습니다. 이렇게 매사에 몸을 사리지 않는 성실함과 착함 심성을 가졌던 그는 차차 주위의 신임을 얻게 되었습니다. 부대 내에서 공동 작업이 있었던 어느 날, 너무 무리를 한 탓인지 그만 그의 한쪽 어깨가 탈골되고 말았습니다. 그러나 그런 고통스런 상황 속에서도 내색 없이 작업이 끝날 때까지 일을 멈추지 않았던 그… 그는 결국 일병계급장을 단 지 얼마 되지 않을 때쯤, 습관성 탈골로 입원을 하게 되었고 그제야 부대원들은 그가 얻은 병에 대해 알게 있었습니다. 그가 입원한 후에 부대원들은 그의 미련함을 탓하면서도 안타까워 할 수밖에 없었습니다. 주말 종교행사 때면 여전히 환한 그를 찾아가 위로와 기도를 전해주기도 했습니다만 그는 모두의 바람에도 불구하고 병세가 악화된 채, 수도통합병원으로 후송을 가게 되었고, 끝내 의가사제대라는 불명예를 안고 군을 떠나가고 말았다는 소식을 전해 듣게 되었습니다. 제대한지 벌써 5년이란 시간이 지나가고 있습니다. 군 시절의 아련한 추억들을 종종 되새겨볼 때면 소년처럼 순수한 마음과 열정으로 모두를 감동시켰던 그가 생각날 때가 있습니다. 지금 그에게 군 생활은 평생을 안고 갈 상처로 남아 있진 않을는지….

예비군 훈련

'군문을 향해선 오줌도 누지 않는다'는 우스갯소리가 있습니다. 험한 군 생활 속에서 느꼈던 보람과 2년이 넘는 시간동안 한솥밥을 먹으며 나누었던 진한 동료애와 자신이 자랑스러운 대한민국의 군인임을 증명해주었던 푸른 제복의 자부심을 기억하지 못하는 것은 아니지만, 군 생활은 애정보다는 증오와 아픔의 기억이 더 큰 것 같습니다. '의무복무제도라면서 빠질 놈은 다 빠져나가고, 돈 없고 빽 없는 자식들만 군대를 간다'는 모순된 현실 속에서 느끼는 상대적 박탈감과 함께 계급질서에 철저히 편입된 채로 각종 폭력과 인간이하의 수모와 강요된 생활을 감수할 수밖에 없었던 과거의 피해의식이 여전히 남아있기 때문인 듯합니다. 그리고 강자와 약자의 논리에 익숙해져 버린 자신에 대한 혐오스러움과 함께 영감이란 호칭으로 강등되어버린 예비역이라는 이름에서 느껴지는 세월의 비애감 때문이기도 하겠지요.

[악 몽]

국가에서 입영통지서가 날라 왔습니다. 이미 군대를 제대한지, 5년이 넘었는데, 다시 이등병으로 들어가라고 합니다. 미칠 것만 같지만, 어쩔 수 없습니다. 지긋지긋한 생활이 다시 시작되고, 저의 동생보다도 한참은 어린 고참들에게 갈굼을 당하기 시작합니다. 예비역이시라면 위와 같은 악몽을 한번쯤은 꾸어보셨을 것입니다. 예비군훈련은 이런 재입대라는 악몽을 현실에서 체험케 합니다. 색이 바란 군복과 딱딱하고 불편한 군화 속에 자신을 담고 나선다는 것은 늙수그레한 외모 속에 감춰두었던 사회초년생이란 딱지가 만인에게 폭로되는 것과 같은 창피스러움을 느끼게 합니다. 휴가 나온 군인과 절대 혼동하지 않도록 모자를 삐딱하게 쓰고 군화를 풀어헤치고 옷도 되는대로 입고 주머니에 손을 찔러 넣은 채 말투마저 억세어져 버리는 것은 실제의 나와는 다른, 어색한 반항의 모습일 뿐입니다.

"선배님! 전투모 착용해주시고, 상의는 하의 안에 넣어주십시오."

"알았다."

군대 갔다 와서 부쩍 겁이 늘어버린 저는 곧이곧대로 따르고 말지만, 위병소 앞에서 간부들과 맞짱 뜨는 대담한 동지(?)들을 보면서 쾌감을 느끼게 되는 것은 억눌렸던 군생활에 대한 작은 한풀이가 아닐는지요. FM(규정대로 처리한다는 것을 의미하는 군대용어입니다.)대로 하면 이런 모습의 예비군은 마땅히 처벌대상이라곤 하지만 짧게는 몇 시간에서 길게는 3, 4일 정도만 머무를 뿐인 민간인들에게 군인의 규율을 요구한다는 것은 무리일 수밖에 없기에 통제하는 자와 통제받는 자 사이에는 암묵적 거래가 이루어집니다.

"정예 XX동대 여러분과 만나게 된 것을 영광으로 생각합니다."

"자~ 1분 안에 담배 한대 피울 수 있는 기회를 주겠습니다."

간부들의 친절한 존대와 속보이는 달램의 말에 못 이기는 척 따라주면서 허용된 개김을 누리는 줄다리기를 즐기며 무료하기 짝이 없는 하루는 지나갑니다.

참을 수 없는 도시생활

"도저히 참을 수 없군! 돈이 얼마든 어서 빨리 해줘요!"

내 몸의 감각들을 모두 도려내고 싶어…

수빈… 며칠 전 16번 가게에서 만났던 그녀의 이름입니다. 올해 24살. 셀 수도 없는 손님들이 머무르고 간 앳된 모습의 그녀는 이미 속늙은이가 다 되어 있었습니다. 체념과 한숨, 쓸쓸함… 희망도 없이, 돈도 없이 여전히 그곳에 붙박이처럼 붙어있는 그녀에게서 서러움이 전해져 왔습니다. 글썽이는 눈물을 보았습니다. 시간이 점점 바닥나고 있었습니다. 볼을 한없이 비비다가 살짝 입을 맞추었습니다. 그러다 내가 서러워져 꼬옥 안아달라고 했습니다. 고개를 숙인 채 배웅 나온 그녀의 손을 뒤로 내밀어 꼬옥 잡아주곤 도망치듯 떠나왔습니다. 내달리는 택시 속에서 그녀의 눈물이 마음 한 구석을 적시고 있었습니다.

다시 만났지만…

힘겨운 한주가 지나고 다시 토요일이 돌아왔습니다.

"지현 씨! 오늘 또 xx에 갈 거죠?"

장난스럽게 묻는 동료의 말에 살짝 웃어주며 헤어져 돌아왔습니다. 그곳에 다시 간다는 것은 스스로에게 이율배반적인 행동이 분명할 테지만, 그녀를 다시 보고 싶다는 생각이 간절해져 왔습니다. 밀린 빨래들을 세탁기에 맡겨버리곤 습관처럼 버스에 올랐습니다. 밤 10시쯤 도착한 그곳은 양쪽으로 분홍빛 불빛만 휑하니 켜진 채 걸어 들어가기가 겁날 정도로 텅 비어 있었습니다. 16번 가게는 입구에 있어 후딱 뛰면 무난히 들어갈 수 있겠지만 왠지 그렇게 쉽게 들어가고 싶지 않다는 생각이 들었습니다. 전방으로 50여 미터 정도 난 거리를 혼자 걸어 들어가기 시작했습니다. 양쪽에 서있던 아줌마들이 악다구니처럼 달려들기 시작했습니다.

"총각! 그러지 말고 내하고 이야기 좀 하자! 응?"

"우리 아가씨들 좀 봐라! 한번 보기나 해봐라!"

안쪽으로 더 들어갔다가는 잡혀 들어갈 것 같아서 후딱 16번 가게로 돌아왔습니다. 분홍불빛이 환한 쇼윈도 속에 수빈 씨가 앉아 있었습니다. 방에서 만났던 표정들을 떠올릴 수 없을 만큼 침울해보였습니다. 수빈 씨와 함께 TV가 나오지 않던 그 방으로 다시 들어갔습니다. 일주일여 만에 다시 만난 나를 알아보았습니다.

"오빠 들어올 거면 얼른 들어오지 뭣 하러 거기까지 갔어?"

"오빠가 날 선택할지 안할지 몰라서 아는 척 못했어."

그녀와 나란히 누웠습니다. 제가 하지 않았던 낯선 말들을 다시 되새기고 있었습니다. 이야기가 드문드문 이어졌지만 가슴이 답답해져 왔습니다. 문득 그녀가 한마디 던졌습니다.

"오빠 30분은 금방이야. 좀 있음 문 두드릴 거야."

주인 잃은 시간이 지나고 가슴이 비어버리는 듯한 공허감이 밀려왔습니다. 한참을 끌어안고만 있었습니다. 그녀의 머릿결에서 쓴 담배냄새가 났습니다.

진리가 너희를 자유케 하리라?

스스로 깨닫기 전까지는 누구도 진리를 말해주지 않았습니다. 아니 어쩌면, 누군가 열심히 충고해 주었으나 제 귀에는 제대로 들리지 않았는지도 모르겠습니다.

소문난 옷 수선집

귀에 익은 옷가게들이 들어선 거리에서 새로 산 바지 하나를 집어 들고 헤맨 일요일의 저녁. 빌딩들의 틈 속에 들어선, 조그만 샷시 옷 수선집을 찾아내었습니다. 낡고 손때 묻은 재봉틀, 한구석에 놓여 진 큼직한 성경책, 흰머리가 드문드문 새어버린 주인의 이력을 짐작하게 합니다. 이골이 날대로 난 세월들처럼 앞으로도 느린 시간들을 부지런히 박음질하시겠지요.

존재의 상실

한평생 고생한 보람도 없이 그는 곧 잊힐 것입니다. 종이 위에 희미하게 새겨진 잉크 자국만이 세상에 잠시 존재하였던 그의 인생을 증거 하여 줄 뿐… 그동안 수고 많으셨습니다! 안녕히 가십시오.

양심을 위한 변명

그래요. 당신이 하신 말도 맞네요. 어차피 애매모호한 세상인데… 그러나 이미 프로그래밍 되어버린 제 머리를 불편하게 하고 싶진 않군요. 그게 제대로 맞는 것인지 의문스럽긴 하지만 말이죠.

매트릭스 뛰어넘기

얼룩말의 생존본능은 사자에게 신선한 살코기를 안정적으로 제공합니다. 이를 두고 우리는 '자연의 법칙'이라고 배워왔습니다. 하지만, 이 빌어먹을 법칙에 굴복하지 않는 동물이 있습니다. 바로 깨어난 우리들 자신입니다.

훌륭한 사람?

능력의 정도와 인격의 깊이는 반드시 서로 일치하진 않을 것입니다. 여지껏 우리가 배워왔고 지향하고 있는 최고선(最高善)이라는 것은 적자생존의 척박한 환경에서 마지막 검투사로서 살아남는 것이었음을 생각해본다면 어쩌면 반비례하는 경우가 더 많을 듯합니다. 시대와 대중의 필요에 따라 포장된 그들의 그릇된 성공담에 우리와 우리의 아이들이 오염되어온 것은 아닐런지… 차라리 전쟁의 포연 속에서 번민했을 포수병의 이야기에 귀를 기울이는 것이 더 가치 있는 일이 되지 않을는지….

운명의 장난

여자처럼 갸름하고 예쁘장한 얼굴이 인상적이었던 그는 저의 군대 고참이었습니다. 믿고 있던 종교에 대한 꼬투리에서 시작된, 그의 집요하고도 치욕스런 학대 때문에 탈영과 살인의 문턱에서 몇 번을 망설였는지… 그 이름 석 자는 뜨거운 낙인자국처럼 뇌리 속에 남아 저만의 인터넷 수배대상이 되어왔지만 어느 곳에서도 그의 흔적을 찾아낼 수 없었습니다. 그런데, 정말 믿을 수 없게도, 오늘 그 사람을! 그렇게 찾던 그 사람을 집 앞 가게에서 만나고 말았습니다. 회사 야유회가 있는 날이어서 평소와 달리 조금 늦게 일어나 찬조품을 구입하고자 집 앞 가게에 들렀는데 그곳에서 거짓말처럼 그가 서 있는 것을 볼 수 있었습니다. 다짜고짜 불렀습니다.

"OOO 씨!!"

새치 섞인 장발머리가 움찔하며 돌아보았습니다. 늙어 보이긴 했어도 틀림없는 그였습니다. 기억을 더듬는 눈빛의 그는 잠시 동안 알아보지 못하는 듯했습니다.

"OOO 씨 맞죠? 저 권지현입니다."

"아, 권지현. 살이 쪄서 못 알아봤다. 니 옛날에는 삐짝 말랐더만… 지금은 많이 변했네. 우선 밖에 나가서 이야기하자."

따라 나간 가게 밖에는 우유가 실린 다마스 트럭이 보였고 그는 곁에서 발걸음을 멈추었습니다.

"여긴 어떻게 오신 겁니까? 서울이 집인 걸로 아는데…."

"응, 여긴 잠깐 내려온 거야. 좀 있으면 다시 서울로 올라갈 거야. 근데 넌 여기 사냐?"

"네, 회사도 이 근처고…."

"아, 그렇구나. 난 사업하다가 몽땅 날려먹고 잠시 이거 하고 있다. 하하."

갑자기 노숙자처럼 보이는 노인네가 다가오며 말을 가로막았습니다.

"OO야."

"저리 가요 할아버지! 웬 미친 영감이…."

"그건 그렇고 여기 우유들 중에 하나 골라라."

"고맙습니다. 지금 시간이 없어서 다음에 술 한잔하게 연락처 알려주십시오."

"어? 그래."

"네. 알겠습니다. 그럼 수고 하십시오."

예상치 못했던 그와의 조우는 그렇게 끝나고 말았습니다. 여전히 병장일 것 같았던 그는 또 다른 이등병이 되어 있었습니다.

사랑을 위해 죽다?

오페라 '나비부인' 은 도미(度美)의 꿈을 끝내 이루지 못하고 버림받았던 기지촌 직업여성들의 숱한 이야기와 대다수 일반여성들이 선택하는 삶의 구도(경제적, 사회적 약자인 여자는 자신보다 우위에 서 있는 남자의 능력과 지위에 기대어 삶의 영속성을 보장받는 대신에, 남자에게 자신의 성과 노동력을 평생토록 점유할 수 있는 권리를 지불합니다)와 닮아 있습니다. 가세가 기운 집안을 위해서 기생이 될 수밖에 없었던(혹은, 마다하지 않았던) 나비부인으로선 미군 중위 핑커톤과의 결혼은, 감내하지 않을 수 없었던 처절한 현실을 한 번에 벗어나 장교부인으로서 신분상승을 이룰 수 있는 인생 역전의 기회일 수밖에 없었을 것입니다. 하지만, 자신의 종교까지 바꿀 정도로 간절했던 신분상승에의 꿈과 사랑의 좌절은 나비부인으로 하여금 '한 남자만을 사랑한 비련의 여인(?)' 으로서 추락하지 않을 수 없게 만들었던 것입니다.

인간의 평균값

당신이 진정 정답을 깨달았다면… 그리고 닮아있다면 인생을 훨씬 수월하게 지낼 수 있습니다. 설사 당신이 졸고 있을지라도 뒤통수 맞는 일은 없을 것입니다.

마니아(mania)

그는 환자임에 틀림없습니다. 머릿속에 꽉 들어찬 욕망과 밤낮 없는 상념들… 그리고 이해받지 못할 판단과 거침없는 실행력… 잡힐 듯, 잡히지 않는 궁극의 만족을 찾아 끊임없이 헤매고 있습니다. 불량품과 모조품만 가득한, 이 불완전한 세상에서….

서태지 혹은 정현철

정현철. 그는 이미 우리들 마음속에 감금되어 있던 서태지의 모습을 자신을 통해 거의 완벽하게 구현해 내었습니다. 마치 존재하지 않는 산타클로스의 모습을 보여주듯이… 하지만, 그는 평생 서태지를 참아내며 살아야 할지도 모릅니다.

대물림

한번 시작된 흐름은 바꾸기가 쉽지 않습니다. 어리석음과 두려움은 전례를 그대로 답습하는 안일함을 좇게 마련이므로… 하지만 그들의 숱한 배움들을 떠올려 볼 때면 그저 허탈할 따름입니다.

아사꼬를 추억하다

사라진 시간들과 지나간 모습들과 닿았던 마음들… 하지만 이미 무수한 찰나 속으로 영원히 떠나갔음을 잘 알고 있습니다.

"비가 오면 가슴속에 아련히 떠오르는 사람은 누구든지 다 있겠죠."

"그런 것도 행복이라 생각해요. 하나의 행복했던 추억이 될 테니까."

그때 당신이 제게 전해주려 했던 의미들… 이제야 저의 독백처럼 느껴옵니다.

뜻밖의 사람, 뜻밖의 공포

비가 막 그친 새벽 2시 30분. 인적이 끊어진 주택가에는 가로등의 불빛만이 휑하게 비추고 있었습니다. 멀리 불 꺼진 가게 앞에선 뭔가 다투는 듯한 남자가 보였지만 별다른 생각 없이 집을 향해 난 어두운 골목길을 걸어가고 있었습니다.

"혹시 광수 아니십니까?"

뒤편에서 붙잡으려는 듯한 또렷한 목소리가 날아왔습니다.

'설마 나를 부르는 건 아니겠지.'

'곧 잘못 봤다는 것을 알게 되겠지.'

이런 생각들을 하며 못 들은 척 발걸음을 재촉하는데 이윽고 다가오는 친밀한 목소리에 질겁하고 달려 내빼지 않을 수 없었습니다.

"야! 같이 가자!"

정신없이 집으로 뛰어들어 현관문을 걸어 잠그고 나니 집 앞으로 그 목소리가 웅성거리며 지나가는 것이 들려왔습니다.

인간은 감정의 동물이다

기쁨과 분노, 슬픔과 즐거움, 사랑과 증오, 그리고 욕심… 그릇된 감정이란 처음부터 없었습니다. 그릇된 문화가 있을 뿐입니다.

시대의 꼭두각시

우리는 시대와 환경으로부터 응결된 이슬들입니다. 생겨난 생각과 결정된 행동과 보여 지는 모습과 같이… 지금껏 당신이라 부른 그것들은 사실 당신이 아니기도 합니다.

손해 보는 이미지, 이득 보는 이미지

타인에게 보이는 이미지에 결국 스스로가 구속당하게 됩니다. 당신이 원하는 모습이 있다면 그것을 선택하십시오.

프로그래밍 된 인간

체제의 유지와 성장에 직결된 필수요소들에 대해선 특별히 강력한 욕구와 쾌락이 부여되어 있다는 사실은 인간이 얼마나 목적 지향적 소진(消盡)에 대해 무력한 존재인지를 생각하게 합니다.

생산본능

모든 인간은 끊임없이 뭔가를 만들어냄으로써 자신이 살아있음을 증명하려 합니다.

하수인

인성의 결함을 맹종으로 만회하려는 사람은 과도한 악역을 자임하기 마련이며 이는 종종 자신과 세상을 망치는 결과로 이어지게 합니다.

화초와 잡초

좋은 환경 속에서야 누군들 꽃을 피우지 못하겠습니까? 하지만, 숱하게 차이는 길가에서도 꿋꿋이 자신만의 꽃을 피워내는 민들레와 같이… 제대로 가리지도 못한 몸뚱이 하나로 숱한 역경들에 맞서온 그들의 삶은 참으로 고귀하고 향기롭습니다.

도시 속의 야생인간

답답하게 느껴지겠지만 자신을 안타까워 할 필요는 없습니다. 도시라고 부르는, 이 척박한 정글을 살아내고 있는 당신의 모습은 이미 충분히 야생적이니까요.

간병인과 수녀

허탈하게도… 그들은 다만 자신이 책임진 역할을 연기하고 있었을 뿐이었습니다.

닭둘기를 위한 변명

이것은 평생을 살아내야 하는 무기징역과도 같습니다.
먹어도 먹어도 항상 배고픈 우리로서는….

이것은 생활을 마취시키는 모르핀과도 같습니다.
잠시의 고통도 참아내지 못하게 된 우리로서는….

그리고 이것은 누구나 줄 서야 하는 도덕과도 같습니다.
혼자 손가락질 받기를 몹시 두려워하는 우리로서는….

모든 것에서 자유롭다는 산비둘기의 삶은 어떠합니까?

하지만 그것은 무모한 비행과도 같습니다.
지금껏 회초리를 피해서 잘 살아온 우리로서는….

가공된 현실과 억압된 욕구

가공된 현실은 내재된 욕구를 선택적으로 억압합니다. 특정 취미에 대한 강렬한 집착은 곧 그 사람의 억압된 욕구가 어떠한 것인지를 잘 말해 줍니다.

자신에게 묶여있는 사람

한 사람의 자유인이 되기를 몹시 갈망합니다만…. 정작 스스로가 자신에게 꽁꽁 묶여 있다는 사실을 생각하지 못하고 있었습니다.

욕망 없는 존재란 없다

비록 그것이 변덕스럽고, 고통스럽고, 실망스러운 것이 될지라도… 당신의 존재를 이어가기 위해 계속 추구하십시오.

분노의 원인

사실, 아무것도 아니었습니다. 스스로를 흐리기 전까지는…. 더욱 비겁해질 수 있게 되길 바랍니다. 저와 당신을 위해….

돈과 인격

사람들은 인격을 팔아 돈을 벌고 돈을 팔아 인격을 사들입니다.

인간농장

모든 가치가 돈에 의해 통제되는 거대 수용도시…. 그 속에서 인간은 한낱 사육 가능한 가축에 지나지 않았습니다.

당신의 진의는 무엇입니까?

당신의 진의는 종종 왜곡됩니다. 자신의 욕망과 타인과의 관계에 따라…. 이로써 원치 않는 멍에를 덮어쓰거나 비난을 자초하게 됩니다.

제2장 관계에 대하여

상황적 인간

저와 당신에 관한 지식은 사실 정확하지 않았습니다. 상황과 필요가 우리의 인격과 의식을 결정하고 관계를 규정하여 왔기 때문입니다. 그럼에도 우리는 상황을 유도하거나 회피할 필요가 있습니다. 바람직한 우리의 모습을 이끌어내기 위해선….

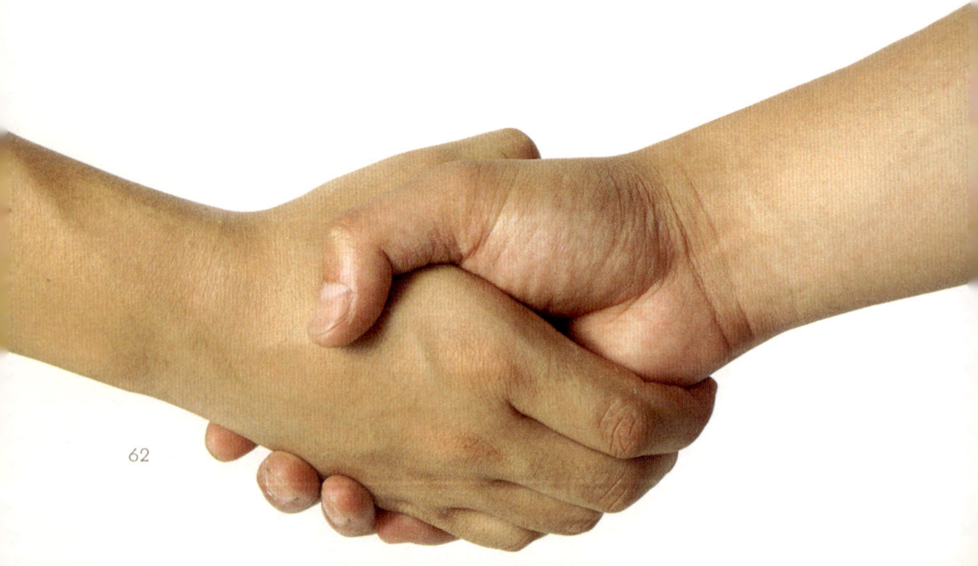

우리 편, 나쁜놈 편…

어디에도 진실은 없더군요. 입장만이 그것을 결정해 줄 뿐….

거래관계

필요하지 않다면, 거래관계는 성립하지 않습니다.

급부: 회사 ← 직원(근로) ← 부인(위로) ← 자녀(위로, 노후)

보상: 회사(돈, 명예) → 직원(돈, 관심) → 부인(돈, 모성) → 자녀

사랑해도 될까요?

저는 당신과 조금도 다를 바 없는, 세상의 끈에 힘겹게 매달려 있는 수많은 사람들 중에 하나일 뿐이랍니다. 제가 견뎌내야 하는 무게는 당신에 비할 순 없겠지만, 남은 한손 내밀어 당신과 함께 울고 싶고 당신과 함께 웃고 싶습니다.

갱제학

“내가 저거 가게에서 김밥이라도 팔아줘야 지도 나중에 내 택시를 타줄 거 아닌강? 세상은 그런 거지. 서로 뜯어먹고 사는 거지.”

– 어느 택시기사의 차내 강의

누구였죠? 당신은?

어차피 너와 나로 나눠질 우리. 진실은 늘 부담스럽고 위험할 뿐입니다. 한 잔의 술, 한 개피의 담배 그리고 하룻밤을 나누게 될지라도 당신과 나 사이엔, 사실 아무 일도 일어나지 않은 것이었습니다.

불가근 불가원

꽃보다 아름답지만, 때론 바퀴벌레보다 역겨운…. 다가설 수도, 떠날 수도 없는 나의 이름은 인간(人間) 그리고 그 안에만 있습니다.

마음경영

진정한 성과는 상대의 마음을 움직이는 것에서 시작합니다.

관계의 부패

'긴장된다' → '익숙하다' → '편안하다' → '행복하다' → '지루하다' → '귀찮다' → '보기 싫다'

인간관계이건, 거래관계이건 불필요한 숙성은 썩은 냄새를 풍기기 마련입니다. 따라서 단골관계를 피하거나 최대한 진전을 늦추어야 합니다.

좋은 사람?

어느 진열대에선가 찾아낼 것 같은 꿈은 빨리 깨는 게 좋겠습니다. 눈 씻고 찾아봐도 그녀를 가장한 '그년'과 그분을 가장한 '그놈' 밖에 없을 테니…. 그리고 이미 거듭된 기변에 익숙해져버린, 까탈스러운 당신에게는 더더욱….

불편한 진실

착각하지 마십시오. 당신은 잠시 돈을 담아둔 그릇에 지나지 않으니까.

착각하지 마십시오. 당신은 그릇에 담긴 돈을 향해 절하고 있는 것일 뿐이니까.

역할극

사실 그는 상대하기 편하도록

자신의 볼륨을 조정한 것일 뿐이었습니다.

인격의 효능

상사의 흠모할 만한 인격은 부하에겐 진통제와도 같습니다. 굴욕의 고통을 덜어주는….

종과 주인

시키면 시키는 대로 움직이는 사람은 종이 됩니다. 그런 종에게 고마워하거나 미안해하는 주인은 없습니다.

피드백(feedback)

나와 세상은 숱한 피드백(feedback)의 결과입니다.

관계의 본질

어떤 매개체가 그들과의 관계에 대한 '진정한' 정의가 되어주고 있다고 생각하십니까?

쓸모 있는 사람?

쓸모 있는 사람은 관계의 대상이 되기도 하지만,
이용의 대상이기도 합니다.

조직인과 자유인

인간성(Humanity)의 완전한 자유는 무리생활에서 멀어질수록 증대됩니다. 조직논리는 가학과 굴욕에 능한 조직형 인간이 되기를 요구합니다.

약자를 위한 나라는 없다

노련한 정치인은 노숙인에게까지 표를 구걸하진 않습니다. 그들은 애써 달래줘야 할 만큼의 위협거리가 되지 못하기 때문입니다.

관계의 사물화

당신은 사물이 되어야 합니다. 세상은 위험하고 불편한 대인관계보다는 안전하고 편리한 대물관계를 선호하므로….

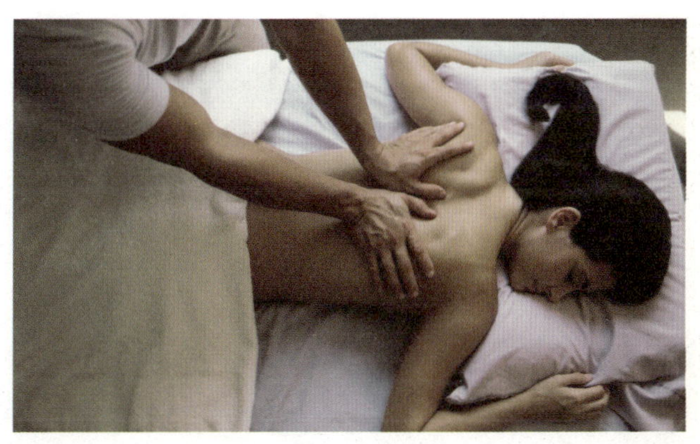

적당한 무관심

적당한 무관심은 상대를 위한 또 하나의 배려입니다.

제3장 인생에 대하여

사람냄새 나는 삶

기적과 복은 위에서 내려오는 것이 아닐 것입니다. 간절한 신념이 우리를 바꾸고 세상을 바꾸고 기적을 일으킬 것입니다. 이처럼 자연스럽고 사람냄새 나는 삶보다 더 큰 종교는 없을 거라고 생각합니다.

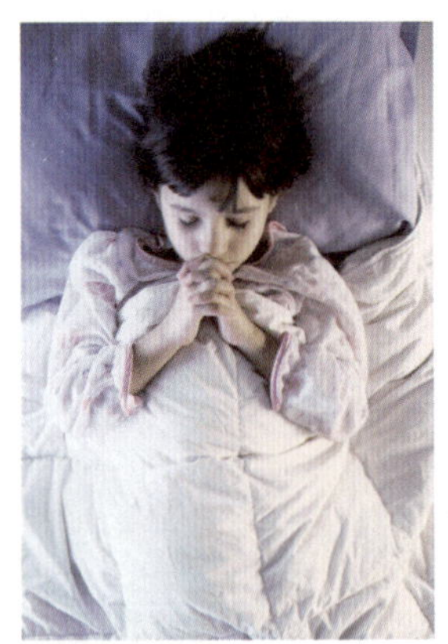

사는 것은 싸우는 것이다

To live is to fight(사는 것은 싸우는 것이다)! 중학교시절 영어 수업시간에 자주 나오던 예문입니다. '학문을 통해 인격수양을 한다' 는 것은 허울일 뿐, 검투사처럼 싸워 살아남아야 하는 것이 삶이고, 배움이란 그런 삶에 대한 준비이고 과정이란 사실을 깨닫게 해 주었던 예문이기도 합니다. 공부하던 교과서에 번듯이 인쇄된 저 삭막한 글귀를 보면서, 새삼 상황을 자각하고, 입술을 깨물어 보기도 했었지요. 자급자족할 수 있었던 농경사회보다 훨씬 살기 좋은 세상이 되었다지만 사람사이에서 부대끼지 않고서는 생존할 수 없는 숙명에 자신을 더욱 옭아매어 버린 현대인의 삶이기에 요즘의 뉴스들을 보면, 다시금 입술을 깨물게 됩니다.

믿으세요!

당신이 가야할 길입니다. 지금의 고통은 잠시 뿐, 흔적도 없이 사라질 것입니다. 모든 게 다 잘될 겁니다. 이 시간이 흐르고 나면….

체감시간

어제와 같은 익숙한 일상들. 깨어있어도 깨어있는 것 같지도 않고…. 던져놓은 두루마리 화장지처럼 줄어드는 속도가 눈에 보이기 시작합니다.

행복의 발견

지금보다 더 어려웠던 시절을 떠올려 본다면, 나보다 더 어렵게 살아가는 사람들을 떠올려 본다면….

인생의 속도계

"빠르게 달리는 것이 운전을 잘하는 게 아니라 안전하게 도착하는 것이 잘하는 것이다."

군 시절, 1호차 기사로 전국을 누비던 고참이 들려준 충고를 운전의 철칙처럼 간직하고 있습니다. 인생이란 고속도로 역시 마찬가지일 겁니다. 그래봐야 오십 보, 백 보일 테니 앞서가는 주위의 차량에 시선을 빼앗기기 보다는 내 안의 속도계를 다시 한 번 살펴봐야겠습니다.

도를 아십니까?

사춘기 시절 다 그렇잖아요? 저도 정말 어릴 때 많이 싸우고, 많이 대들기도 했었거든요. 돌아보면 좋았던 일들보다 혼나던 일들이 더 생각나고 그래요. 한번은 엄마하고 대판 싸우다가 방비로 두들겨 맞은 일이 있었는데 긴팔 블라우스로 팔의 멍을 숨기고 다녀야 한다는 게 얼마나 서럽고 눈물 나던지. 그런데 그러고 나서 엄마가 제가 그렇게 좋아하던 참치찌개를 끓이시고는 밥 먹으러 오라고 하시더라고요. 그 후로는 그 일을 잊고 있었는데 엄마가 되고나서 애들에게 찌개를 끓여주다가 문득 생각나더라고요. 그때 엄마가 말은 안 하셨지만, 얼마나 나를 사랑해 주셨는지 그리고 그때 먹던 참치찌개가 얼마나 맛있었는지…. 자신이 엄마가 되어보지 않고서는 깨닫지 못할 일이죠. 요즘에 결혼 안한 사람들하고 한 번씩 이야기해보면 말이 안 통하고 답답하다는 느낌이 들 때가 있어요. 역시 사람은 겪어봐야 아는 거더라고요. 여기 시장 통에 있는 사람들하고 가끔씩 계모임한다고 만나고 하거든요. 저기 길거리에 앉아서 채소 팔고 있는 할머니가 수녀님보다 낫더라고요. 스님이나 목사 그런 사람보다도요. 그런 사람들은 사람들에게서 떨어져 혼자서 뭔가를 깨달으려고 하잖아요?

– 어느 미용실에서

가치의 재발견

먹음직스레 잘 구워진 계란 토스트. 막상 100원이 부족하여 입맛을 다시며 돌아설 때….

희망의 이유

우리도 그러하리란 걸 잘 알고 있습니다. 그렇다고 오늘 하루의 행복까지 망치고 있을 순 없습니다.

천국으로의 계단

지금껏 찾아 헤매고 있습니다. 높은 학식과 지위, 수많은 재산과 사람들, 아름다운 여자와 술…. 늘 느껴왔듯, 그 안에는 당연히 있어야 할 천국이 없었습니다. 더 많이! 더 높이! 그러나 쾌감이 높아 갈수록 고통의 깊이가 더해가는 것은 세상의 정해진 이치더군요.

카르마(karma)

100년 전에 이 사막을 건너갔던 또 다른 '나'를 찾고 있습니다. 부디 알려 주십시오. 어떻게 해야 그를 붙잡을 수 있는지….

포세이돈

실연의 상심으로 바다에 뛰어들려던 게이 건축가 넬슨은 최후의 생존자로 악착같이 살아남더군요.

"여러 결점을 지니고 있는 보통 사람들에 관한 이야기다. 재난을 겪으며 그들은 성장한다."

– 조시 루카스(영화 '포세이돈' 딜런 역)

권태로운 세상

항상 기대에 못 미치는 짧은 감흥으로 시들해져버리고 맙니다. 영화뿐만 아니라…. 이런 게 바로 나이 들어간다는 증거가 아닐까요?

나의 것은 없다

마치 그게 전부인 냥 살아가고 있지만 세상이 우리에게 잠시 빌려 준 것에 불과하더군요.

인생의 항해자

인생은 항해와도 같습니다. 우리의 할일은 모든 것을 시간에 맡기고 끝까지 인내하는 것뿐. 곧 거짓말처럼 청명한 아침을 맞게 될 것입니다.

절대선은 없다

꼭 그렇게까지 했어야만 했는지… 돌이켜보면 회한으로 남을 그것은… 또다른 선을 무너뜨린, 당신만의 헛된 신념에 불과합니다.

돈! 돈! 돈!

'백석지기는 백석만큼, 만석지기는 만석만큼의 걱정을 가지고 있다.' 마치 돈에 한이 맺힌 사람처럼 그렇게 피도 눈물도 없이 정상에 올랐건만 '인생의 무게' 에 있어선 보통사람들과 다를 것이 없었습니다.

나는 살아있는가?

살아있는 연어만이 물을 거슬러 올라갈 수 있습니다.

욕심의 노예

고비용의 생활구조를 타파하지 않고서는 돈에 저당잡힌 인생에서 벗어날 희망이 없습니다.

권리를 위한 투쟁

균형잡힌 세상으로 나아가기 위해서는 각자가 자신의 권리를 쟁취하는 자세를 견지할 필요가 있습니다. 또한, 법의 존재를 현실에서 구현하는 것은 오직 각 개인에게 달려있슴을 명심해야 합니다.

바로 당신이 정답입니다

타인의 시선과 평가는 진실한 당신을 방해할 뿐입니다.
마음의 목소리가 이끄는 대로…당신의 삶에 있어선 바로 당신이 정답입니다.

소유

나만이 그것을 지배하고 있다는 사실은 날마다 자신에게 상기시켜 줘야 하는, 실감(實感)없는 일입니다.

고통의 유익

만일 고통을 느낄 수 없다면… 마음이 상하고 육신이 썩어가도 알 수 없게 될 것입니다.

고통은 우리를 보호하고 성장시키기 위해 필요합니다.

천 원짜리 만원과 십만 원짜리 만원

액면가치와 체감가치는 사람마다 다르며 어떻게 그것을 얻었는가에 따라 진짜 가치가 결정됩니다.

망가진 애착

우리는 애착의 대상을 통하여 삶의 가치와 이유를 찾고자 합니다. 하지만, 애착의 크기만큼이나... 고통의 그림자가 깊게 드리워져 있었다는 사실을 뒤늦게야 깨닫게 됩니다.

긍정의 마법(The Secret)

빛과 어둠… 어둠 역시 세상의 진실입니다만… 어둠을 줄이기 위해선 오히려 빛을 주목해야 한다고 그들은 말합니다.

꿈을 사냥하는 방법

"이것 저것 따지다 보면 10년이 넘어도 땡포를 면하기 어렵습니다. 사격은 보는 것이 전부입니다. 대충 쏘세요."

– 한국야생동식물보호관리협회 수렵강습관

제4장 세계에 대하여

기분이 좋아지는 그림

작년에 부산에서 서울로 올라갈 기회가 있었습니다. 통일호 열차 편으로 거의 6시간 가까이 걸리더군요. 기차여행이 주는 즐거움과 해방감은 잠시일 뿐, 왕복 12시간을 한 자리에 꼼짝없이 앉아, 시간을 기다려야 하는 것은 사지가 뒤틀리도록 지겨운 일이었습니다. 문득, 세계지도를 펴들어 보니 힘겹게 느껴지던 그 거리가 얼마나 조그만 미동에 불과했는지 새삼 느끼게 됩니다. 그리고, 지금껏 지구촌에 대해 배워왔음에도 생소한 동네들이 수없이 많다는 사실은 『자신만의 세계』라는 감옥속에 갇혀있으면서도 깨닫지 못하고 있는 『나』를 발견하게 합니다. 또한, 지구촌에는 세균을 헤아릴 때 흔히 사용되는 수십억 단위의 『또 다른 나』들이 살아가고 있을텐데 그들 속에 있는『나』라는 존재의 무게에 대해서도 생각해보게 됩니다. 『나』는 내일 식탁에 올려질 동물들의 아귀다툼과 다름없는 싸구려 삶을 살고 있지는 않은지... 그리고 벗어날 수 있는 방법은 없을런지... 세계지도를 보고 있노라면 어디인가에 『나』를 깨워줄 새로운 삶이 숨겨져 있을 것만 같습니다.

미친 세상

모든 것이 값으로 환산되어 이름 불리는 세상… 값이 아니고선 나는 없습니다.
모든 값이 욕망과 교환되어 종일 불타는 세상… 욕망이 아니고선 나는 없습니다.
모든 욕망으로 인간을 소모하며 여태 굴러온 세상… 제정신(?) 아니고선 나는 없습니다.

거대한 세상

판에 박힌 일상에 진저리가 났지만,
사실은 내가 만든 세상이었습니다.

최선을 강요하는 사회

지금도 여전히 그러하지만… 우리가 꿈꾸는 살기좋은 유토피아(Utopia)는 앞으로도 오지 않을 겁니다. 심취한 성도(聖徒)들 덕분에 최고기록은 극한을 향해 날마다 깨져 나갈테니… 그들을 뒤쫓는 발걸음들이 무겁습니다.

뉴스 세일즈

희망을 주는 기사는 잘 안팔리니 어쩔 수 없습니다.

남한에 사는 북한주민

민주시민으로서의 생활을 이어가기 위해… 우리 삶의 한가운데에 마치 북한과 같은 통제사회와 예속상태를 스스로 용인할 수 밖에 없는, 거대한 사실은 고통스러운 모순처럼 느껴집니다.

문명 세계의 노예들

노예제도는 오늘날의 문명 세계를 떠받치는 수단으로써 여전히 유효하게 통용되고 있습니다. 이런 야만의 구도가 지금까지도 용인될 수 있었던 것은 의도적으로 유포되어진 '그릇된 신화' 때문입니다. 그들도 언젠가는 주인이 될 수 있다는… 하지만, 임계치를 넘지않는, 교묘한 보상구조 속에서 계급은 지속적으로 보존되고 충분할만큼 재생산되어 집니다.

필연의 세계

우리를 살아가게 하는 이 모든 필연들은… 사실 수많은 우연으로부터 생겨난 것일 뿐이었습니다.

풍요의 증거

이렇게 많은 사람들이 다들 어떻게 먹고 살 수 있었을까요? 그리고 이렇게 많은 식물들이 다들 어떻게 먹고 살 수 있었을까요?

환상

실망스러운 현실… 사람들은 달아나고 싶어합니다. 잠시 뿐일지라도…

제5장 직업에 대하여

후진국형 직장문화

가끔 페이오픈에서 직장인들의 애환에 대한 글들을 읽어 봅니다. 대기업과 중소기업을 막론하고, 우리나라의 비상식적인 직장문화에 나날을 고통속에 신음하며 사는 사람들이 대단히 많다는 걸 알게 됩니다. 장시간근로와 임금체불, 모욕적 언행, 신체적 폭력, 성희롱, 창의와 효율을 말살하는 권위적 관계, 내무반적 수직관계, 서로에 대한 불안과 불신, 직장내의 그릇된 정치, 비상식적이고 비효율적인 관행, 능력이 배제된 인사와 업무, 비열한 사람들, 퇴폐적인 회식과 접대, 적반하장… 능률과 능력 이외의 요소들이 직장인들을 쥐어 흔들고 있다는 느낌입니다. 이런 고통들이 가중되고 있는 이유중에는 장기간의 경기침체도 한몫 단단히 하고 있는 것이 틀림없어 보입니다. "이런 회사가 이렇게라도 돌아간다는 것이 신기할 따름이다." 심각함을 더해가는 경제뉴스를 보면서 회사뿐만 아니라, 우리나라에 대해서도 다를바 없는 이야기라는 생각이 듭니다. 뭔가 고쳐야 할 것은 고쳐지지 않은 채 절뚝 절뚝 말이죠… 아직 제대로 배운 것도 없는데, 히딩크 신드롬은 사라져 버리고 만 것입니까?

고독한 순경

저녁에 친구K와 통화를 했습니다. 자다가 받았는지 몹시 졸린 목소리였지만, 반가움이 역력했습니다. 오늘이 비번일이어서 자고 있었다고 하였습니다. 누군지 못알아보게 달라진 그의 말투에선 지쳐버린 느낌이 뚝뚝 묻어났습니다.

"지현아! 내가 이런 소리 잘 안하는데, 요즘 너무 힘들고 피곤하다. 경찰이라는 긍지 하나만으로 버텨내기엔 너무 고달프다. 개인생활은 전혀 찾아 먹을 수가 없다. 가끔 너희들에게 연락이라도 해야 하는데, 그러질 못해서 정말 미안하다."

K는 그동안 품어왔던 경찰의 꿈과 현실생활의 차이에서 느끼는 괴리감과 이어지는 격무속에서 호흡을 놓친 채 친구들과 점점 멀어져가는 상황에 대해 가슴아파하고 있었습니다.

조금만 더 참으면 지금보단 나아질거라는 뻔한 위로를 하면서, 문득 그의 고통은 어느 누구도 그 자신만큼 제대로 이해할 수 없는 것이기에, 그리고 어느 누구도 함께 해줄 수 없는 그 자신만의 것이기에, 그래서 그는 더욱 고독할지도 모른다는 생각이 들었습니다.

즐거움의 발견

30대 중반의 젊은 나이임에도 올해로 근속년수가 16년째 되는 분을 만났습니다. "회사밖에서 즐거움을 찾으려고 하면 오래 다닐 수가 없다." 비결을 묻는 저에게 알려주신 그분의 지론이셨습니다.

말의 힘

명령에 살고 죽는 군인처럼 사원은 구호에 살고 죽습니다.

조직의 힘

조직은 항상 대안을 가지고 있습니다.

즐거운 장사꾼

전화를 마치고 찾아간 일요일 저녁 9시, 포항에서 서바이벌 게임을 마치고 막 날아온 사장님은 멋진 사막용 군복차림으로 나타났습니다. 매우 피곤한 상황임에도 불구하고 장시간동안, 분해와 조립과정에 대한 시연과 함께 지난 10여년의 모형총기 경험담을 들려주시더군요. 자신의 실언이었다면서도 14%의 'Nego' 에 응해준 그분에게 미안함을 느끼지 않을 수 없었습니다.

복무

서로에게 너무나 잘 길들여진 일상들… 그리고 똑같은 하루 하루… 생각은 결코 이곳을 벗어날 수 없습니다.

가장 어려운 소망

인생에서 가장 어려운 소망은 평범하게 살아가는 것이 아닐런지요?

딜레마

자존심을 남길 것인가? 나를 남길 것인가? 직장인의 영원한 고민거리일테죠…

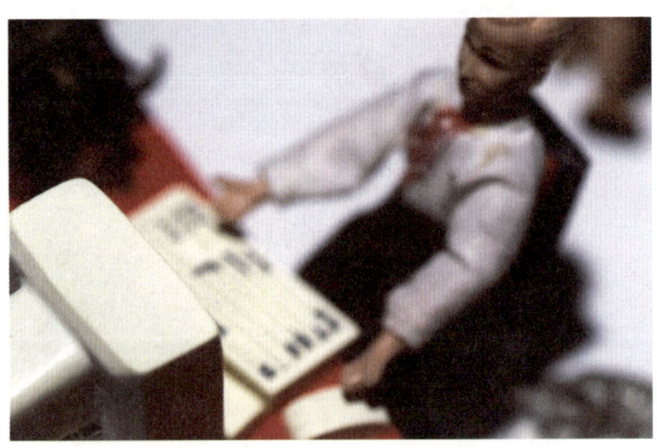

잠든 돈키호테를 깨워라!

자신에게 잘 맞는 인생은 자신이 이미 잘 알고 있습니다. 남들이 뭐라건… 그것을 위해 제대로 살고 있습니까? 제대로 살고 싶습니까? "너무 똑바른 정신을 가진 것이 미친 짓이오. 그 중 가장 미친 짓은 꿈을 갖지 못한 것이오!"

– 돈키호테

지독한 운명

하찮은 각설이도 자신의 동냥그릇을 걷어차진 않을테죠.

재입사

뭔가 근사한 길을 찾아 떠나갔으리라 생각했던 그가 다시 돌아왔습니다. 날 주눅들게 하던 그 자신감은 어딜가고…

갈대를 닮은…

내팽겨쳐진 들판… 비바람이 가득한, 네가 뿌려진 이곳… 어찌할 텐가? 속빈 갈대가 아니고선…

거위의 꿈

~~저는 잘 지내고 있습니다.~~

저는 잘 잊고 지내고 있습니다.

달콤한 월급봉투와 사람들의 울타리안에서…

미쳐야 산다!?

분노를 팔아야 욕구를 사먹는, 비정상적인 도시의 나날들… 미치지 않고선 살아남을 수 없습니다.

"세상이 미쳤는데 내가 안미치면 그게 미친거다"

– 영화 '신장개업'

안일한 젊음

시멘트 블록으로 대충 지어놓은 동네를 지나자, 변변한 건물 하나 없이 쓰레기 자루들만 가득한 평지가 눈에 들어왔습니다. 반듯한 글씨체가 범상치 않아 보이던 사장님은 멋적게 한마디 건네옵니다. "이런데까지 따라오시는 게 아닌데…" "여기는 거래처고, 저기 너머에 보이는 곳이 저의 마당입니다."

"저도 한때 직장생활을 하기도 했었는데… 보기는 이래뵈도 제법 먹고 살만하답니다." 식사라도 하고 가라는 사장님의 권유에 일핑계를 대며 돌아 나오면서, 때묻지 않은 근무복을 입고 있는 자신의 모습이 부끄러웠습니다.

아드레날린(adrenalin) 중독

나도 모르게 그것에 길들여진 것이 분명합니다. 어제는 살아가기 위해 눈을 떴지만, 오늘은 살아있음을 느끼기 위해 눈을 뜹니다.

잘 사는 법?

자신에 대한 실망감과 미래에 대한 불안감으로 머리가 터질 것 같던 차에 들려온 강사의 여담 한마디. "조직생활을 위해선 약간 필요할지 모르지만, 정작 인생을 살아가는 데는 그렇게 많은 지식이 필요하지 않더군요."

자리가 사람을 망친다?!

믿을 수 없게도…형님이나 누나처럼 보이는 그들을 제치고… 분임조내에서 최연장자라는 달갑지 않은 이유로 팀장이 되었습니다. 낮으로는 그들에게 과업을 나눠주고, 실행시키고… 밤으로는 상석에 앉아 술잔을 주거니, 받거니 하다보니… 자연, 노친네가 되지 않을 수 없더군요.

조직과의 춤을

사공이 많으면 배가 산으로 간다. → 누구나 사공이 되고 싶어하지만, 모두가 사공일 순 없습니다.
사공이 많아야 배가 산으로 간다. → 모두가 사공은 아니지만 누구나 이미 사공이어야만 합니다.

존재감

대부분의 사람들이 가장 먼저 주목하는 것은 바로 '위협' 이었습니다. 그게 어떤 모습이 되었건… 조직인은 결국 진화할 수 밖에 없다는 것을 절감하고 있습니다.

돌아라 팽이야!

철썩~ 철썩~ 맞는대로 돌아가는 꼬락서니가 웃기지만… 더이상 생각하고 싶지 않습니다. 어쨌든 쓰러지고 싶지 않습니다.

직업의 숙주

실제의 나와는 판이하게 다른 모습으로 형성된 직업적 자아… 그리고, 그의, 영역에 대한 태생적 집착과 확장본능… 언제부터인가, 내가 아닌 직업이 걸어 다니고 있었습니다. 아니, 정신차리지 못하게 뛰고 또 뛰게 만들었습니다.

W O R K

게임의 법칙

받아들이기 어렵겠지만… 평생 원숭이 신세를 면할 수 없다는 것을 깨닫게 된다면 당신도 곧 익숙해질 것입니다. 그리고… 그 속에서 편안해질 것입니다.

인간 퇴출시대

열등한 유전자에 대한 사형선고… 그리고 박탈된 인격… 인간이, 줄여야 할 비용으로 전락한 무참한 세상… 인간의 고귀함이란 머리속에서만 맴돌 뿐, 비천한 시대속에 살아남으려는 악다구니만 가득합니다.

모든 가치의 근원은 자연이며, 그 가치는 노동을 통해 분배되어 왔습니다. 하지만, 또 하나의 가족이 되어줄 것 같았던 기술혁명은 오히려 노동의 기회와 가치의 분배를 단절시키는 부메랑이 되어 날아들고 있습니다. 내수침체의 가속화와 잉여인구에 대한 사회적 비용 증가… 이 거대한 세계적 흐름 앞에, 현재의 대량생산 체제는 어느 아프리카 오지에서 막을 내려야 할지도 모릅니다. 고도의 생산수단과 기술을 보유한 사용자와 초(超)엘리트 집단만이 '그들만의 리그'에서 대부분의 가치를 독식하고 대다수 잉여인간들은 버려진 들개와 같은 신세로 전락하는 세상을 피할 수 없다면... 오늘 우리는 무엇을 준비해야 할까요?

착취 시스템… 그리고 인격변질

조직은 인간의 생존본능을 착취함으로써 성장합니다. 또한 높은 인생채무는 가장 생존본능에 충실하고, 긴 내구연한을 보증하는 '현대판 노예제'를 가능케 하므로 결혼과 출산, 부양과 교육, 외상소비와 같은 덫을 미덕으로 회칠하여 널리 권장되어 집니다. 공포, 굴욕, 분노, 무력감… 이와같이 과중한 멍에를 짊어진 절박한 나날들과 독성 가득한 감정들에 축축히 젖어갈수록 본연(本然)의 인격은 조금씩 회복 불능의 상태로 변질되어만 갑니다.

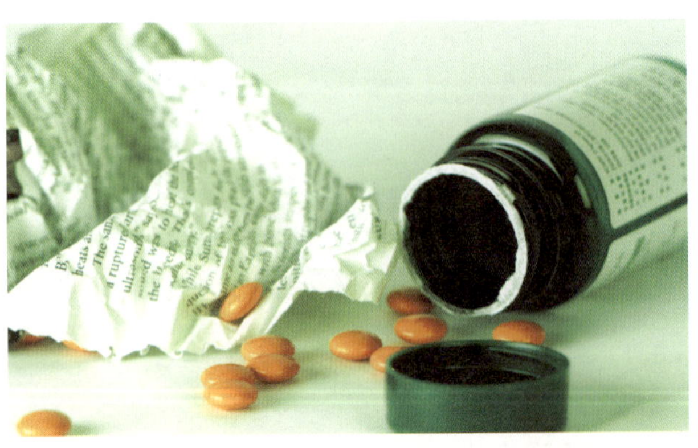

조직인의 한계

제 아무리 뛰어난 조직원이라도 자신의 밥그릇만은 뛰어넘지 못하는 법입니다.

닭장 인생

쾌적한 축사와 때맞춰 뿌려지는 양질의 사료… 우수한 품종으로 선별되어 숱한 계란들을 뽑아낸 자부심과 성취감… 하지만, 암닭은 때때로 알 수 없는 무력감에 빠져들 때가 있습니다.